하늘을 만들다

국립중앙도서관 출판예정도서목록(CIP)

하늘을 만들다 : 정동재 시집 / 지은이: 정동재. -- 대전 :
지혜 : 애지, 2017
p. ; cm. -- (지혜사랑 ; 179)

ISBN 979-11-5728-250-0 03810 : ₩9000

한국 현대시[韓國現代詩]

811.7-KDC6
895.715-DDC23 CIP2017023799

지혜사랑 179

하늘을 만들다

정동재

지혜

시인의 말

문장의 색채를 구하는 분은 부디 읽지 않기를 권한다.
하늘은 지상에 천국을 건설하려 한다.
좌절하지 않고 열심히 사시는 분들께 이 시집을 바친다.

2017년 가을
정동재

차례

2부 하늘을 만들다

3부 새 하늘

• 일러두기
한 연이 첫 번째 행에서 시작될 때는 > 로 표시합니다.

1부

오늘 날씨 맑음

산순이를 온전히 읽다

민망하지만, 끝까지 쳐다만 보고 있어야 했던
산순이의 짧은 봄날
이랑에 씌운 비닐 다 찢어진다는 옆집 노인장 성화로
발정 난 암캐의 목걸이를 풀어주지 못했다
복날 잡으면 딱 한 그릇 깜인 옆집 개 한 마리
꼴에 수캐라고 다섯 배나 큰 산순이 뒤꽁무니를
몇 일째 핥고 다닌다
아무리 용을 써도 코만 성기에 닿는다
컹컹 울기도 하고
깽깽 신음도 내며 산순이 머리에다 펌프질이다
만, 두 살배기 초산을 훌쩍 넘긴 산순이
오늘은 제발 잘 해보라는 듯 자세를 낮춘다
의외였다
의외는 의외의 안쪽을 들어서게 되었다
직립으로 누워서 벌이는 일쯤은 사람에겐 자연 섭리였다
함부로 누워버린 어떤 육체관계에 대해
늘 우리의 섭리는 옆집 개새끼만도 못한 연놈이라고 지칭했다
사람의 길은 뜻밖에도 사람만이 아니었다
앞길이 조금 더 트였다

숨을 거두었다는 말

숨을 거두었다는 말
지상에 그 누가 맘대로 숨을 거둘 수 있다는 말인가
생략된 주어를 좇는다
마주 보며 막 식탁에 오른 따끈따끈한 산소를 마시고
이산화탄소를 마신다
그러므로 산책길은 왕성하다
사방은 내내 투명하다
호흡한다는 것은 폐부 깊숙이 내통한다는 말 그러므로
생전에 은밀히 내통하였다는 말 누군가에게 툭툭 던진다
한통속이었으므로 모든 숨 거둬들이는 숨통아
너의 허공과 허무와 허기가 전염되는 일은 어쩌면 당연한 일
한평생 호흡으로 남은 것은 너에 대한 그리움이 번져 버려진 그늘 모퉁이
숨 쉬는 오랑캐꽃까지의 연민뿐이구나
흉부에 하늘처럼 고인 허무와
다가가도 만져지지 않는 너에 대한 목마름으로 나는
피붙이를 사랑하는 일이 하여 전부였노라
하늘인 너와 폐부에서부터 연결된 심장의 박동으로
모든 것들은 숨지는 날까지 손이 데고도 남을 붉은 꽃을
위로, 위로 피워낸다
숨을 거둔다는 말은

한 떨기 꽃이 되고 열매가 되어 비로소
너에게로 초청되는 일이다

마흔다섯

악을 쓰고 만다는 분만실 산모 얼굴이
마흔다섯 가장의 안면에 무시로 쌓였나 보다
면도날 위로 험상궂은 인상의 낯선 사내 코앞까지 얼굴을 들이민다
햇볕에 그을린 시커먼 이목구비와 미간에 자리한 사나운 주름
악당과 싸우던 악당을 닮았다
어금니로 꽉 물었던 신음이 양칫물과 함께 수챗구멍으로 빨려 들어간다
개구리 뒷다리~ 연거푸 입소리 누 귀에 건다
훌쩍 커버린 아들놈에서 순하디순한 스무 살 적 내가 보인다
베란다에서 발톱을 깎다 말고 푸념한다
자식 하나 키워 내는 게 어디 보통 일인가
아무렴 보통 일이 아니지
옳거니 부처님도 제대로 못 하신 일 아닌가!
반 농담에
화분 위 고추가 유난히 붉다

칼

세상에 그런 법이 어디 있냐고 또 누군가
통곡으로 눈물바다다

난법亂法이 지옥을 무대에 올린다
칼만 안 들었지 날강도다
일관된 외면수습이 그들의 칼이다
쥐도 새도 다 아는 일
민법의 울타리 안에서 맘껏 휘두르는 고의부도 짜고 치는
법정관리가 공공연한 칼부림이다
집이며 차며 은행계좌며 싹둑싹둑 잘린다
신문지 몇 장에 몸을 의지한 집개미들이 노숙을 친다

칼과 칼이 골조를 세우며 피와 살을 양생 중이다
기둥뿌리가 뽑혀 기둥서방이라도 구하는지
밤낮을 모르고 산다
등록금을 납부하지 못한 가녀린 손이 휴학계를 던지고
안마방에서 산다
호래자식이라는 놀림을 향한 주먹질이 꿈도 날려버려
소년원에서 산다
재수 없으면 철창행이라는 말이 기막히게 눈물을 닦아준
다

>

대책 없이 대책인 양
늘 나는 씹 하려 한다
묵은 하늘 사타구니에서 혼용무도라는 사자성어가
무도하게도 태어났다
제왕절개를 모르는 환한 달빛이 폐부를 찌르는 칼이다

두 줄 생략법

문장을 미리 읽어 준다는 기와 담벼락 밑 궁서체 푯말 하나
내 갈림길 보았다는 듯 때 됐으니 밥값이나 던져주고 가란다

몸에 화상 있지? 재차 삼차 뜸 들인다
젊어 고생 사서도 한다며 코끝 빨간 문장이
파란만장하다는 자수성가 감쪽같이 입에 올린다

틀니 속 거덜이 난 두 줄 횡간에서 꺼낸 부모님
지웠다, 다시 읽다
두 줄쯤 생략하는 나날이다
한평생이 온몸에 새겨진 갑골문자였다고
누군가 말했고
등짐 무게 움푹 파인 지게 자국 두 줄이었다고
누군가도 말했다

남사스럽다, 저 소쩍새
(네) 솥 작다! (네) 솥 작다! 온종일 문장을 읽는다

폭설

아나운서의 폭설 경보라는 말마저 얼어붙어 있다
나무와 나무 사이의 길이 먼저 사라지고
사람과 사람의 길도 무너지기 시작했다

덕분에 하루 이틀 쉬면 좋겠다는 말도 녹아들지 못하고 쌓여있다
그만 그치라는 말이 창밖 나무에 걸려 있다 뚝 떨어진다
쩍 쩍 무게를 이기지 못한 나뭇가지들이 흰 살결을 드러낸다

대부분의 가난은 쌓인 눈보다 더 희겠다
독설 아닌 독설에 자꾸 미끄러지는 사람들
허한 고개를 넘고 있다

싸리비도 눈가래도 모두 손을 놓았다
눈밭에 발자국을 심는 드문드문 아이들과 멍멍이가 보인다
하늘에서 하시는 일이다
족히 삼 일은 마음을 비워야 한다

겨울을 대변하다

새털처럼 가벼워져야 하늘을 난다
가을이 훠이훠이 부는 바람에 날갯짓하고 있다
가금류처럼 제 뿌리 썩는 줄 모르고 세월의 모이를 쪼아댔다
한때 야속하기만 했던 하늘은
인간세계 불의에 역시나 수수방관이다
제대로 된 존중은 함부로 끼어들거나 나서는 법이 없다
고작 가을옷 벗겨 겨울옷 입히는 정도다
철들면 어딘지 모르게 빛이 뿜어져 나온다
후광 입은 겨울의 세도가 제법이다
겨울이 더 추운 건 이웃이 가난하기 때문이다
턱턱, 턱까지 부딪치며 떨리는 건
정신을 잃고 잠들어 버릴까 무서운 거라고
혹한의 겨울을 대변한다
흰 눈 속 도토리 한 알이 굶주린 사슴의 코끝을 잡아챈다
삶이 단단해진다
사람은 무얼 먹고 사나요?
영혼이 가난한 내가 묻는다
꽃필 무렵 전해 들었다는 약산 진달래꽃이
시커멓게 그을린 은이댁 이목구비다
웃음꽃이 피면 유독 함박눈처럼 치아가 희다

빨간 장미

잠결에 불쑥 쳐들어온 홍시가
입속 홍시를 꺼내 먹는다
등대에 불을 켜며 떡방아를 찧는다
소박을 놓던 시대는 옛날이야기
대갈빡이 깨지고 피가 튀는 다 큰 어른들 놀이에는
괴물이 사상처럼 태어난다
삼각주를 이룬 빨간 장미가
조이는 고삐가 만드는 진땀 범벅
어둠 속에서 애마는 달린다

꿈꾼다는 것

밤새 거실에서 내 사랑이
내 옆에서 다른 사람과 사랑을 나누며 환하게 웃는다
왜 그래? 어떻게 그럴 수 있어?
두 손으로 어깨를 잡고 고개가 넘어갈 정도로 세차게 흔드는데
"영화 같지 않아? 그 사람 조연이야." 필연처럼 말을 한다
꿈결인데도 엉겁결에 닦아도, 닦아도, 눈물이 그칠 줄 모른다
영화관 어둠 속에서 일정 속도를 유지하던 필름은
문밖을 나서면서 묻지 마 살인까지 숨 가쁘게 치닫는다
언제 뵈어도 미인이시네여
삼십 줄 박 씨 이방인 같지 않은 말투로 사라진다
꿈에서 깨고 보니 사람이더라고 허심탄회하게 토로한 장자의 나비 역시
조연을 생생히 그려내는 데서 기초했다
상쾌한 아침 바람이 머릿결을 흔들자 마음결에 하늘빛이 스민다
"좀 나아졌어요?"
(괜히 미안하다는 듯 묻는다)
꿈꾼다는 것은
자칫, 스케치한 바람의 머릿결에 꽃뱀 무늬 덧칠을 해보는 일

저런! 그림 그리기로 얼룩져버린 태양이라니
조연의 출연으로 눈물은 이미 바다로 흥건하다
비늘을 다쳐 속살에 고름이 차오르는 물고기 한 마리
날개가 꺾여 지느러미조차 가누지 못한다
꾸덕꾸덕 사흘 나흘 상처를 핥고 있는 심연의 해류, 고로
바다는 어디에나 존재한다
네 입에 간 맞추지 말고 바다를 보라
쉼 없이 바다가 철석인다

오늘 날씨 맑음

복사꽃 향에 취한 보름달
밑천도 없는 내게 어깨를 토닥이며 잔을 또 채운다
주거니 받거니 관계를 트다 보니 밤바람도 앉았다 간다
놀음에도 경지가 있다
동짓달 혹한이란 놈 오한이란 패로 놀음판을 휘어잡았다
관계가 모두 얼어붙었다
오늘은 9시 뉴스 지나 광고 속 한 여자도
내게 술잔을 건넨다
오늘 밤은 밤새 질펀하겠다

그와의 대작은 나의 무도함에서 비롯됐다
놀음판에서 관계라는 것은 관계없음이다
거나하게 취하지 못하는 자 올인하지 못하는 자
비싼 숙박비를 치러야 한다
장벽이 에워싸 빛이 들어 설 자리 없는 어둠은
굳은 장벽이다
꽉 막힌 벽창호가 도가 터져 빛이 창이 되는 순간이 있다
그쯤 되면
바람은 창문을 노크하고 달빛은 바람을 주무른다

억만 겁 한 채, 집안 놀음 끝날 줄 모른다
놀음판이 설령 아니라 해도

누구나 먹어야 산다
초저녁 달은 다 저녁에야 태양이 짓는 어둠
결코 싹쓸이하는 법이 없다
아침 태양은
달이 빚은 아침이슬 고스란히 따먹는다
오늘의 날씨 맑다

춘몽

천도복숭아는 짧은 한철로 끝난다
하늘 열매 소식이 한 줄이다
유년시절 눈빛은 손오공이 태상노군에게 빼앗은 천도복숭아에 꽂힌다
키가 내 머리통 하나는 더 크고 동양화 속 미인 같았던 사촌 형수
막 핀 도홧빛 얼굴 문안으로 살포시 들이밀었을 때 쿵쿵 심장이 뛰었다

문턱 밖이 저승이라는 말밖에 딱히 실마리가 없었으므로
천개어자지벽어축*이라는 말로 하늘에 풍덩 빠져 좌정을 틀던
작정한 백일 끝
무릉도원 홍조의 백발 신선 버선발로 걸어 나와
내민 두 손
처자식이 눈을 흐려 주춤주춤하다 잡지 못했다

신음이 이어진다
자정 무렵 집사람은 활짝 핀 선명한 도화
지구는 왕생극락 연중무휴 춘몽 중이다

* 사자소학.

무용총사신도

사막은 물의 묘지라고 암기한다
남근은 삼십육 점 오도의 골짝은 뜨거워 좋아 죽는다고
미친 듯이 기록을 남긴다
명당을 쓸 때는 좌청룡 우백호 남주작 북현무를 살핀 연후에
산의 아랫도리를 더듬어
클리토리스 같은 봉긋한 봉분을 만들어 의인화시키고
누구누구의 묘라고 적는다
하늘을 오르내린다는 잡지 속 사신四神,
잉걸불처럼 타오르는 청룡의 눈빛
당시 하늘을 대신했다는 임금 앞에 인도한다
일 년 삼백육십오일 은밀한 깊은 밤 골짝은 청룡의 말대로
항상 촉촉하다
아파트 베란다 발코니에
현무의 둥근 꼬리처럼 어둠이 새벽이슬을 빚고 있다
자본주의가 밤낮으로 파고 있는 여기는
이십일 세기 지구 사막화의 요충지
이 밤 이 거리 저마다 타고난 천성대로
또는 후천적 영향으로
사람들은 미친 듯이 또 기록을 후려갈길 것이다
태어나자 중심을 잃은 사생아 몇
변기에 걸려 떠들썩하게 기록될 것이다

욕

차마 입에 담기도 어려운 말들이 주차되어 있다
출근길 골목의 아침은 성질이 급하다
바퀴에 깔려 욕보며 끙끙거리다가
입 밖으로 튀어나와 달려들지만
멱살을 잡고 달려드는 인사불성을 쉽게 제압하지 못한다

좁은 땅에서 엉겨져 살다 보면
저도 모르는 욕정이 동굴 속 동면을 깨는가보다
책상물림이었던 사십 줄 최 씨
꽃뱀에게 물려 제 몸뚱이 하나 겨우 건사했다
결제대금을 위해 흥건해지는 땀을 수건으로 닦고 또 닦는다

내 안에도 눌려있는 욕들이 산다
때가 되면 발을 거는 돌부리조차 소중하지 않은 것 없다고 한다
종지만한 그릇
더 욕을 봐야 제대로 말이 될 것이다

대봉 한 상자

갈지자 걸으며 옷매무새 추스르기를 몇 번이었다
주인집 마당에 떡 하니 버티고선 감나무
집채만큼의 대봉 잔뜩 매달고 있다
대봉 한 상자 먹갈치 꾸러미
손에 든 수화기 속으로 쑥 밀어 넣는다

달처럼 마중 나오는 바둑이 머리를 쓰다듬어 주시면
깜깜한 저녁이 환해졌다
천석꾼 못지않은 일곱 남매 둔 호미질의 부모님
늙은 말녀 전동휠체어가 굽은 등받이다
흔하지 않은 풍경이 흔한 풍경으로 바뀌었다
조막손 거들어 쓰다듬던 손이 홀로 서서 눈물을 훔친다

저것 한 덩이 업어다 팔면 금방일 텐데
세 치 혀로 요리하면 전셋집 한 채 뚝딱일 텐데
눈 딱 감고 양심 한 번 베어다 팔면 탄탄대로 길이 날 텐데
녹슨 고철 종일토록 퍼 나르던 손이
고작 흐르는 눈물 자꾸 훔친다

돈이 사람을 속인다는 말이
속인 놈도 속은 놈도 사람이라는 말이
부모 형제도 사람이었다는 말이
대봉 한 상자 두리번두리번 자꾸 훔친다

시로 여는 지상천국

밤하늘 사계 천상열차분야지도를 펴고 천마天馬는 쉬지 않고 달린다
쉬지 않고 달린다는 건 끝없는 초원을 뜻한다
바쁘다는 핑계로 벽을 쌓느라
앉은 자리에서 만들어 주는 감자전을 맛보지 못했다
철마鐵馬를 기다리는 동안
철썩철썩 밤 파도는 따귀를 왜 자꾸 올려붙이는지 왜 피하지 않는지
우리는 밤별을 세고
밤이 깊어질수록 별빛 또한 더욱 무성해졌으므로
우리의 이야기는 끝나지 않는다
초원을 잇는 철마는
태백선 자미원과 증산을 향한다
복을 태워준다는 탐랑 문곡 거문 녹존 염정 무곡 파군을 찾는 몽상가 몇
노다지를 찾는 사금파리 몇
석탄을 낚는 강태공 몇이면 어떠하냐고
철마는 무성해져도 괜찮다면 등은 누구에게든 내어준다
가끔은 벽을 허물어 볼 일이다
삶은 누구나 빛나는 별이고자 한다
늙은 부모와 어린 아가는 진자리 마른자리로 갈라진다
상제를 모시고 순시하는 천마天馬의 여느 별자리 못지않다

* 조용미 「자미원 간다」에서 일부 착안.

배웅

천지개벽 후 문밖은 누구도 찾지 못했으므로
항상 목소리 큰 놈이 주인 행세다
입동이 코앞 창밖 가을낙엽을 본다
몇 번의 깜빡 졸음 후
추풍낙엽이 유리창에 은빛 눈부신 성애로 옮겨붙었다
툭 툭 발에 차이는 아침이 생생한 얼음이다
뒤뚱거리기 시작한 태양
겨울이 냉큼 문밖까지 배웅 나온 것

누군가로부터 배웅을 받는다는 것은
아랫목에 누운 것처럼 등 뒤가 따뜻하다
강적을 만나 문고리조차 찾지 못할 때
문밖이 저승이라는 말로 가끔 위안 삼지만
이어진 배웅과 배웅으로 다다른 근황은
소음이 싫은 고요
목소리 큰 놈 행세는
누군가 배를 가르고 망치로 뒤통수를 갈길 것이다

땅거미 지면 그림자는 문을 열어 제 몸을 찾고
배고파요! 아이들도 어머니와 서로의 안부를 묻는다

2부

하늘을 만들다

직립에 관한 보고서

문자 탄생 이전의 신생대부터 평행선을 깨트리며
하늘을 이고 땅을 밟고 섰다
기다가 서는 것은 사람인데
밤에는 땅에 눕고 하늘에 덮여서 잠든다
형이상학을 모르는지 꿈꾸는 사이 바퀴벌레가 살점을 물어뜯었다
일어선다는 것은 썩지 않겠다는 생의 포효
하늘과 땅이 몸에 지펴 신령스러운 한 생 수직을 도모한다

구부렸다가 잠시 편 허리
이마에 구슬땀 식혀주고 가는 시원한 바람 한 점,
머물러 앉은 곳에 피어나는 구름 한 점,
부지런히 유람하다 쉬어가는 비 내리는 고요한 마을 풍경
생의 갈피들을 넘기며 활동사진처럼 엮어지는 경전
봄비 맞고 자라는 고사리 두릅부터
아장아장 걷는 아가의 걸음걸이까지 일어서는 모든 것들
다른 입안으로 흘러가는 유두가 된다

돌아서며 외면하는 순간
날카로운 이빨과 손톱을 세우고 달려드는 맹수가 된다. 동시에
풀을 뜯다 도주하는 고라니 떼가 된다

개떼처럼 달려들어 자빠진 사람 두 다리 버둥거린다
바닥이 요동친다
천국이 멀리 있지 않았으므로 마음은 다가가 이미 손 내밀고 있다
우물쭈물 발걸음 잘 떼지도 못하는데 앞서간
마음만 천국이다

끔찍한 태교

호족은 호랑이를 낳고
곰족은 곰을 낳고
토끼족은 토끼를 낳고
오렌지족은 오렌지를 낳고
싱글족은 싱글을 낳고
미시족은 미시 낳고

세상 별다를 일 없었다

새로운 탄생은
신을 추앙하는 족속과
학문을 신봉하는 족속
인정머리 없이
진화하는 로봇뿐

생각은 생각을 낳는다

열 달 태교 산모도 분만실에서 악쓴다
해를 거듭하는 우주
새해를 낳는다
해마다 자성의 목소리가 나오고
선과 악, 팽팽히 줄다리기한다

>

진통 중이다, 우주
세상 끔찍할 수밖에 없다

별빛으로 풀어 본 4차원

밤이면 저렇게 영롱한 반짝임을 몇백만 년 전
별들의 폭발이라고 믿는데
우리는 이제 아무 거리낌이 없다
모든 것은 이미 프로그래밍 되어 있다고 누군가 단호히 말했고
천상열차분야지도를 꺼내놓으면 거대하게 짜진 궤적으로
지구는 굴러간다
생년월시 묻는 사주팔자
태어난 자리 뱃속부터 사주 된 별빛쯤
스펙트럼 분석학쯤으로 바꿔 불러 볼일
태어날 미래를 입력하고 엔터키 누르면
마야의 기록되지 않은 예언이 육갑하여 튀어나올 일
운명도 숙명도 언젠가 홀연히 사라진 신에 대해서도 쉽게 말하지 말자
오늘 밤 별들의 영롱함이란 몇백만 년 전 폭발이다
이제 좀 더 진지하게 단호한 어조를 빌어
별들이 빛나는 이유를 육하원칙에 의해 타이핑 해 보자
타고난 천성을 가진 불 같은 너와 불 같은 내가 만났다고 하자
운명과 운명이 만난 접점에서 흐르는 것을 눈물이라고 하자
호수와 호수가 만나 호수가 되지 못하고 불바다가 되었다고 가정해보자

몇백만 년 전 시작된 밤하늘의 저 무수한 폭발이 지상에 내려와
불에서 물이 잉태되고
물에서는 불이 살아나는 이 물리적이지 못한 초자연적인 일들이
법이, 법이 아닌 세상에서 법 없이도 살 사람을 마치
우리로 만든 이유라고 결론지어 보자
별빛은 여전히 별빛다우며 조금은 더 신비롭지 않은가?

하늘을 만들다

자와 컴퍼스가 하늘을 만든다
별 밤이 쌓여 심법心法을 전수 한다
사방 칠 수 한 치의 오차가 없다
황도 12궁에서 봄 여름 가을 겨울이 찾아온다

봄이 오는 이유를 묻자 농부가 땅을 일군다
사계의 의미를 묻는 것은 별 의미가 없으므로
꽃피는 이유를 묻는다
꽃송이도 피우지 못한 죽음에 관하여 묻는다
판사처럼
공약이행을 촉구하다가 형장으로 사라져 간 청춘을 심리한다
시간은 다시 되돌릴 수 없으므로 사라진 봄에 관하여 눈물이 앞을 가린다

사계의 의미를 묻는 것은 정말이지 더 이상의 의미가 없으므로
신도 아닌 주제가
죽음을 논하고
의사라도 된 것처럼 메스를 꺼내 든다
콘크리트 농수로에 빠진 고라니를 위하여 머리를 맞댄다
하늘의 일이 땅에서 꽃 핀다
의사봉이 자와 컴퍼스가 하늘을 만든다

시간이 지날수록 무너지지 않는 집

안방 빨래걸이에 적 벽돌색 줄무늬 요가 널려져 있다
양쪽 팔을 내리면 빨래걸이는 자줏빛 피라미드가 된다
한복 상자 보자기를 배꼽 치마처럼 두르면
아홉 살은 거울 속에서 클레오파트라로 변한다
피라미드 속으로 침입자의 발걸음이 들어서자
여기는 내 이집트야 들어오지 마! 한다
이집트가 뭐야?
여긴 내 사막이라고!
딸아이 건축은 해마다 바뀐다
다섯 살 때는 장롱에 들어가 집을 짓더니
일곱 살 때는 장롱 속 광장에서 종아리를 후려친
회초리를 향해 펑펑 울며 일인시위를 했다
여덟 살 때는 커피 타기 500원 물 떠오기 200원……. 메뉴판을 만들고
책을 쌓아 코너매장을 만들더니 닷새간 주인행세였다
사십 초입에 詩를 우주라며
늦은 밤까지 구도를 잡는 나와 무엇이 다를까
태양을 담은 눈과 바다를 담은 귀가 늘어간다
다 쓰러져가는 토담집도 사람이 살면 무너지지 않는다

2차와 3차 사이

전작권 유보에 백 년 세월 식민지 근성 매스컴까지 부채질이다
복기할 필요도 없이
신의 이름으로 시작한 제국들의 제1차, 제2차 식민지 건설 현장
세상에 없었던 십자가 든 천사들이 나타났다
식민지 종들에게 신식 병원, 신식 학교가 신식 날개를 펼친다

휴전 중인 전황, 미세먼지에 거리는 눈코까지 복면 중
'얘들은 배신을 몰라요.' 중년의 여인 금지옥엽 포대기를 둘렀다
털북숭이 아들을 업은 엄마 황혼 속으로 총총걸음 사라진다
개망초처럼 피어나는 반려견 빌딩 숲 물들이고 있다

스마트폰에 잠입한 바이러스는 전쟁 선포를 하지 않는다
오 마이 갓! 교성을 내지르며 방바닥 할퀴는 홍콩행.COM 천국
클릭하는 순간 천사의 포로가 된다
천국의 노리개로 전락하는 당신의 심벌

어떤 출세

영주의 초야권은 신성불가침의 성역
당겨진 방아쇠가 처녀성을 허문다

교성을 끌어내는 할아버지뻘 능수능란,
전율하는 전신이 얼굴값을 치른다

날 때부터 세상은 이미 그들의 것이 아니었으므로
마음의 밭은 더더욱 아니었을 것이므로
뽑아도 뽑히지 않는 첫날밤 내린 뿌리가 얼굴색을 바꾼다
열여덟 춘삼월을 삼킨다

닫힌 커튼
멈춘 시계
주저흔이 망령처럼 걸어 나와 방문을 닫아건 마을
딸 가진 부모의 달빛은 검다

광장마다 더는 못 살겠다는 삽과 곡괭이가 몰려들었다
봉건제도는 중세 말에 꼬리를 숨기고 불태워졌다
새로운 세상 출셋길은 총칼로도 막지 못했다

밥심

운명처럼 장전되는 사랑은
이미 옛적에 굳어진 관습을 재생산한다
명중된 명령어 사랑을 곱씹는다
애인과 애인이 당긴 방아쇠에 생명이 잉태되고 자라난다
서로의 심벌을 겨냥한 총질이 있었을 뿐 하늘은 보이지 않는다
허기 사라진 간극에서 연출된 배부른 트림 꺽꺽
사람은 하늘의 밥이고 하늘은 역시 사람의 밥이라고
밥 짓는 내 솔솔 풍긴다
앉으나 서나 자나 깨나 거울 앞에 선다
가만히 있으라는 세월호 선장 아저씨 안내 방송에
샘솟는 눈물이 밥 짓는 물이다
짠해진 마음이 밥물을 붓는 나는 누군가의 매일매일 일용할 양식
터질 듯 터질 듯 압력밥솥처럼 부글부글 끓는다
때 되면 또다시 밥 짓는 천명이 혁명이다
밥심이다
피를 피로 닦는 안식에게 묻는다
밥 좀 먹으며 산다는 말은 정녕 안녕하신지?
살려고 먹느냐 먹으려고 사느냐는 말에 광장이 들끓는다

마흔세 번째 가을

마흔세 번째 바람이 저만치 멀어진다
태양의 체온은 식지 못한다
매미 베짱이 풀벌레 소리마저 숨어든다
감자밭 일구던 유성댁 구슬땀도
막걸리 한 사발에 드러눕던 샛별이 아빠 그늘도
모두 씨앗으로 들어갔다

봄이면 싹 트는 게 어디 한둘이고
가을이면 떨어지는 낙엽이 어디 한둘인가
천만번 태어나도 다시 들어가는
지칠 줄 모르는 우주는 영글어가는 씨앗

카테고리를 클릭하자
풍골 좋다, 풍채 좋다는 말씨들이 우르르 튀어나온다
모두 복희 씨라 불렀고 신농 씨라 불렀다
김 씨 이 씨 박 씨……
족보 없는 자들이 이 나라에는 없다

제발 사람 좀 되어야 하는
하늘 향한 꽃 한 송이
체온조차 식지 못한다
옷깃 여며 주고 가는 마흔세 번째 가을

불혹의 끈

남쪽 창 밑 냉이가 슬쩍 치마폭 들췄을 뿐인데
주정차 경고장 한 장도 붙지 않은 겨울이 정리된다
태양이 북극성 한 바퀴 도는 시간에
독 쐐기풀보다 질긴 생 명부전 가는 길
국화 몇 송이가 비싸게 팔린다
위안부 할머니들의 사타구니를 어루만져주는 것은 어느 봄인가
얼어 죽은 한해살이 풀들을 헤집고 냉이가 돋는다

찬란한 태양을 띄워놓은 푸른 하늘
태양을 붙잡은 끈 대대손손 놓지 않고 있다
이미 두 동강 난 찬사쯤 아랑곳하지 않는 판타지 영화 주인공처럼
신랑의 부축을 받고 나오는 산모의 부은 얼굴을
젖을 먹고 자란 아이가 가방끈 추켜 메는 모습을
내려다보고 있다

새끼를 잃은 어미 다람쥐 갈팡질팡할 땐
세상을 그만 놓아 버릴까
비 오는 날은 그도 젖은 눈망울이었을지 모른다
자고로 끈을 놓지 않는 것은 하늘뿐이 아니다
죽지 않는 하늘에 묻는다
우린 죽어도 끈을 놓지 않는다

불혹의 배후

목욕재계 빗질 용모단정하지
자고로 처녀 적부터 결코 꼬리 치지 않는 요조숙녀야
그저 개소리에는 똥이 약이라며 늘 꼬리 쳐
단기 불기 서기의 시간은 각기 세계사의 한 축이야
자나 깨나 물어뜯는 집사람 말꼬리 물고 늘어지면
삼강을 머리로 오륜을 몸통으로 삼으려는 가정사 주관하는 하늘이 나오지
콩밭을 지나면 곧장 읍내 진입 길
담배 연기에 졸라 씨발 버무려 내뿜는 정오, 예정된 아이늘 줄볼했어
떠오르는 강자 앞 사타구니 감추며 내빼는 사람들의 꼬리는
웃지 못할 진풍경이야. 한술 더 떠
장미 모텔 대낮 방음벽 뚫는 콩 까는 소리 행인들 귀 잡아채

커지고 세지는 여의봉에 근두운 누구의 것?
천축天軸이 흔들리시나?
달거리가 사라지는 건 마땅해 그믐날 어둠을 깔고 아랫도리를 닦는
어미별의 주기적 소망이었어
보석금제도가 행성에서 사라져 버렸어
관피아 해피아 거짓 위정자 구르는 동전이야

철컥 교도소로 자동투척 돼
행성 사람들 천생연분 보리 개떡 찰떡궁합 뽐내고
금수강산 새 옷 단장에 춘풍도 눈도장 찍기 바쁜 나날이지
잘 봐 발 디딜 곳 없는 번뇌 탐욕 간음이잖아

뇌 속을 흔들어버리는 자고이래 혁명이야
불혹의 배후는 천국이야

내 우주팽창설

새벽, 가장 먼저 시간을 알리는 수탉아
저녁이면 암탉들 모아놓고 교배하는 수탉아
하룻밤에 알을 잘도 낳는구나
먹이를 가늘고 곱게 되새김질하는 소야
복중 십 개월 버겁지 않으냐
열 달 차는 배가 놀랍고 두렵지 않은 것이냐
복중腹中 불효 80년 노자 선생
평생 죄인처럼 고개 들길 가벼이 못 했다는데
억겁 세월 늘어나는 강보 천지는 우릴 감싼다
달을 꼬박꼬박 채워 우주를 팽창시킨다
제 부리의 힘으로 거듭나지 못하면
이런저런 설만 입에 무성하다
달이 행군하고 풍류가 일어나 팽창한다
쟁기질 농부 씨앗 뿌린다
달 타령에 명명백백 입에 여의주를 물었다
이엉 엮고 문풍지 바르고
어깨춤이 신명을 이끌어낸다
산달 향하는 어머니 같은 달밤이다
더는 밝음의 이름으로 일월日月을 짝짓지 말아야 하겠다
천지의 자궁 속에서 명명백백明明白白이라는 말을 꺼낸다

도통

영원히 끝나지 않는 몽유도원도 속처럼 한 폭 그림이다

사람들이 그림을 둘러싼다
왜가리 떼가
똥 싼 것도 아닌데 괜히 닦지 말라고 구도에 대해 설법한다

힐긋힐긋 훔쳐보던 숲속 원숭이들이
먹었으면 입 닦고 쌌으면 밑 닦는 게 득도라고 제대로 깔깔댄다

꿈속이라도 좋아서 잠이 깨지 않길 바랐다

마른다, 바로 닦아라
그래야 제대로 된 수도지 산사 비구를 내려다보던 양떼구름이
떡이라도 만들 기세로 입방아 찧는다

길이 아니면 가지 말라고 했다
도통 모르겠냐고, 도통 모르겠다고
해도 달도
밤낮으로 꺼이꺼이 울었다

내 사랑 빅뱅*

이것은 영생을 품은 작품, 행성 568호 공중부양 중이다
돌고 돌며 추락하지 않는다
양토와 양수 신선한 바람 무한 공급되고
뛰고 뒹굴고 밀고 당기고 혼전 청춘사업 일취월장이다
아들딸 낳고 금이야 옥이야 안고 업고 붕붕 비행기 태운다
보장이 확실한 보험 같다?
혼연일체다 저승 세계 떠받치는 대들보 세운다

이것은 필시 빤한 영생 뒤집을 역작
지상에 1% 영감 열어줘 높은 하늘 허무는 일이다
도술 팔아다가 술 들이붓는 저팔계 입김이 먼저 서렸다
노잣돈 비싸져 저승길도 고단하다
돈 방귀 한방에 모니터 속 스타 뜨고 진다
터치만 해도 훈기 나는 치킨이 날아오고 심야 콜에도 옥문 열어 활주한다
자식도 남편도 싫다는 아가씨 까르르 까르르 비행 중이다

가진 자 천국을 누빈다
행성 568호 천문학적 돈 쏟아붓고 있다
하나, 둘 대들보를 뽑아 저승 세계 무너뜨린다
태초에 시작된 거대한 폭발 옛날옛적에 끝나지 않았던가
까르르 까르르 하늘 물꼬가 터지겠다

* 빅뱅이론.

부도지* 언어통일을 꿈꾸다

불붙은 해가 따뜻하게 내리쬐고 있을 뿐 구체적인 형상을 한 것은 아무것도 없었다고 중년을 넘기자 부도지가 말을 걸었다. 소리만 들으면 밥이 나오고 떡이 나오느냐 했지만, 비로소 팔음八音이 들려 마고가 두 딸에게 맡기니 오음칠조지절五音七調之節을 이뤘다. 황궁씨 청궁씨 백소씨 흑소씨가 천지 사방에 천부의 말씀 담은 소리를 지르고 마고성麻姑城 여덟 손자 삼천의 무리가 순식간이었다. 일 년 365일 일월성신 항해일지를 타전하고 매달 변주된 교향곡이 지상에 내린다. 뒤척이던 초목과 금수 악보를 덮고 이내 자장가 속으로 빠져든다.

오미五味의 변 후 암흑에 갇힌 해와 달 삼천 년을 천부삼인天符三印이은 환웅씨가 8음2문八音二文 닦아 신시神市에서 개천하고 역법 수리 의약 천문 지리를 저술해 널리 인간 세상을 이롭게 하였고 아들 왕검씨가 부도符都를 세워 팔만 뗏목 사해형제에 띄우니 다시 신시神市가 열려 파도 소리가 철썩철썩 한목소리를 냈다. 쏴쏴 소리에 소나기가 쏟아지는 소리바다에서는 들어가도 될까요? 똑똑 문소리가 벽을 허물고 앵앵 꿀벌 나는 소리에 탁탁 밤 터는 가을 하늘이 열린다. 쿵쿵 제대로 소리가 나서 태어났다는 문자가 진실로 손만 잡고 잤다는 소리를 조목조목 반박한다.

>

참된 소리에 덩실덩실 춤이 춰지고 신명이 난다고 나도 고개를 끄덕였지만, 또다시 날조된 해와 달 삼천 년은 단군왕검이 산으로 들어가 버린 후의 일, 싸이 강남스타일이 천부적 소리로 B급 세상 꼬집는다. 말 달린다. 이게 도대체 뭔 소리냐고 말을 탄 세계인들 몰려든다. 일만 년 전 맨 처음 사과의 이웃 포도를 맛보게 하고 지구촌 끝자락 여태 잠자는 이유에 입꼬리가 귀밑까지 올라간다. 세종은 ● ㅡ ㅣ 담은 훈민정음 28자 백성을 가르치는 바른 소리라 했지만 기실 먼 아프리카 오지 한 명 한 명까지 주인으로 섬긴 소리다. 천부삼인 담은 개천開天이란 뜬구름 잡기나 일국의 일은 더더욱 아니었다.

* 부도지符都誌 : 신라 시대 박제상이 엮은 우리 민족의 가장 오래된 사서史書.

3부

새 하늘

장맛비

천둥 벼락을 동반한 비는 눈이 없다
우우 몰려들어
흰 줄무늬 나방 애벌레 숫자 세지 않는다

한 가닥, 한 가닥 부딪치거나 엉키지 않는
산야의 논밭 성적표 위에
쏴쏴 파고든다

대학 보낼 아들과 혼기 찬 딸
대낮 막걸리 사발에 둥둥 떠다니고
우르릉 쾅 한 달 가까이 치러지는 시험
열무 배추밭째 뿌리를 녹인다

얼큰해진 뭉게구름처럼 운을 뗀다
백 년 농사 거짓되게 하겠어
남모르게 슬쩍 뿌려 놓은 것 없으니
가끔은 마구 맞아도 기쁜 것이여

또 억수로 퍼붓는다
쏴~ 쏴~

인류의 볼일

고추 한 번 보고
하늘 한 번 보고

하늘은 서 있는 것이다

저기 하늘이 서 있다
어제도 오늘도 서 있다
넓고 넓은 허방에 두 다리 쭉 펴고
늦봄 크르릉 코 고는 소리 날만도 하건만
하루도 빠짐없이 지켜보고 서 있다

어제도 오늘도 해님은 허리춤 어디 지나가고
어젯밤도 오늘 밤도
우후죽순처럼 별들이 자라난다
그러거나 말거나 혹은 아니거나 기거나
하늘은 눈 떠 보면 서 있다

태산처럼 무거워지는 것이라서 부끄러움을 넘어서는 것이라서
요사이는 삼가 죄 진 것도 없는데
조선왕조실록처럼 서 있다
자나 깨나 지켜보는 빌딩 곳곳의 무인카메라처럼
뱀만 보면 돌로 쳐 죽이던 막냇삼촌이,
빌딩이, 눈 감는 날까지 지켜보고 서 있다

그 흔하디흔한 가락국수만 봐도
생전에 좋아하시던 어버이 눈에 밟힌다고

하늘 무서운 줄 알게 된다고
길목마다 움찔움찔하게 시리
눈도 깜짝이지 않고 서 있다

산청댁

가진 거 보시하는데 마음 편히 잡수라 했단다
발걸음 부끄러운지 멈칫 그의 얼굴 붉어졌단다
길 잃은 나그네 하룻밤 재워주다 보니
성씨 셋을 더 보았다는 첩첩산중
부레옥잠에 내려앉은 이슬 세며
갈 길 바쁜 손 하룻밤 얼굴에 삶은 고구마 꼭 쥐여줬단다
자식 셋 무게 홀로 이기지 못해 퍼덕이다
철퍼덕 주저앉았다는 세월이
가시는 길 헤매지 마시라 큰 바위 돌아 솔밭
바람도 찾아오는 길 재차 삼차 일러줬단다
잠결에 숨이 턱 막히고 단칸방 소름이 돋았다는,
침묵으로 들려 나갔다는 맨 처음 살 보시
캐다 남은 고구마순 보랏빛 무성하고
채반에 호박 가지 바짝바짝 말리는 높고 푸른 가을 하늘이 보인다
사람은 사람을 핥아먹고 빨아먹고 잡아먹고 산다는 진혼곡이
골목마다 출구를 찾지 못할 무렵부터다
높고 푸른 하늘에 눌려 숨이 턱 멎고 온몸에 돋는 소름

잘 구워진 하늘

하늘엔 별 무수히 떠 있으므로 거기 하늘이 있었다
신비에 쌓인 거대한 유기체,
2012년 대기大氣를 뚫고 발 디딘 화성으로 믿었던 하늘
땅속으로 사라졌다
몸집 육중한 별들 단지 시간에 촘촘히 박혀 있었고
내일의 품 파고들고 있었다

하늘은 하늘에 없다고 되뇌었다. 껌 씹듯,
연일 바람 잘 날 없던 참나무 잎새
푸른빛 담은 흑갈 빛 도토리 떼굴떼굴 다시 흙으로 굴려 보낸다
자칫, 뚝배기처럼 흙빛은 섣부른 손댔다간
소스라치게 놀라고 만다
따끈따근한 흙 속 참나무 세계가 손 내민다
금강석보다 단단한 약관을 건낸다

내 방에 들여진 빛나는 거울은 2012년 지구
동공 속 무수한 별빛은
책가방 받아주는 어미의 눈처럼 그윽하다
가스 불 위 이른 아침 뚝배기에 잘 구워진 하늘이 보인다
별들의 품에서 갓 떼어진
능금 붉게 익을 것 같은 내일이
두 어깨를 감싸 안으며 와락 달려들었다

하늘을 보쌈하다

조약돌처럼 매끈한 감 씨는 가을 가지 끝 홍조에
터질 듯 터질 듯 곱게 싸였고
어느새 현무암 결 복사꽃 폭발 어김없다
수육 한 조각 싸맨 보쌈 입에 넣어주고 우리는 오늘
내일을 쌈하려 든다

하늘을 봐야 별을 딴다는 과수댁들
꽃구경은 어디 가고 하늘 타령이다
하늘이 냈다는 제왕의 별 치마폭으로 휘감았다는 대조영의 어머니,
관악산 낙성대 치맛자락은 강감찬 장군 동상을
보란 듯이 세워 놓았다

요즘 세상은 눈 뜨고 있어도 코를 베어 가므로
우리는 매일 밤 당신을 보쌈하려 든다
죽어도 변하지 않는 체온이 있어 늘 화점이 되므로
이 봄, 여전히 꽃봉오리 싸고돈다
자고 일어나면 한가득 해온 보쌈 떡하니 풀어놓는다

우주 달팽이

회오리바람 한 채가 연초록 세상을 고요로 삼키고 있다
태생부터 집 장만 걱정 따윈 없을 족속
육칠월 장마에 달팽이들이 속속 분양 중이다

잘된 설계와 시공으로 억만년 무너지지 않는 집 태생
불알 두 쪽이 전부인 나 또한
소용돌이치는 천체 태풍의 눈 속 우주 달팽이

폭설 폭우 폭풍 폭염 단골 양념을 빠트릴 수는 없는 일

보란 듯 눈앞에 수백 미터 고공 점프를 하는 살가운 빗방울들,
삼복더위 참외 수박에 늘어지게 나오는 하품이 그러하고
한 겨울밤
뜨끈뜨끈 군고구마가 엮어내는 식구들의 웃음꽃이 그러하다

또한 이러하다
운명처럼 시작된 입속 회오리바람 한 채가
두 손 맞잡고 걷게 한다
나약한 젊음을 불같이 타오르는 젊은 패기를 집어삼킨다

내 안의 1人 극장

때론 스치는 바람에도 말을 걸고 싶었다
자꾸 말을 걸다 보면 나를 알아주는 이가 생길 거라고
세상을 향해 침을 튀어가며 오토리버스 노래 테이프처럼 지내곤 했다
인연일까? 붙잡아 보면 손가락 사이로 살점 섞인 모래알들이
우수수 시간 속으로 떨어져 나갔다
사막의 순례에는 눈을 뜨지 못하게 하는 모래바람이 낯설지 않다
나의 노래는 말라 버렸고 주파수는 바닥이었으며
그때 나를 받아주는 내가 내 안에서 불현듯 일어났다
나라고 말했을 때 나 이외의 모든 것은 남이 되어버렸다
쉽게 등 돌려 모두 배웅해버린 후 매일 찾아드는 정적을 맞이해 보시라
처량 만고 끝에 비로소 대문을 노크하는 귀한 손님접대를 연상해보시라
살아온 날만큼 길어진 것이 외로움이라면 외로움의 몸통은 두려움이 아닌지
의구심이 고개 들었고 나를 몸통처럼 노려보기 시작했다
마치 예외의 경우처럼 까다로운 나를 나조차 난해해 했으므로
윈도의 오에스 시스템체계구성의 맥락을 따르기로 했다

코끼리가 잡아먹은 뱃속에 사람은 코끼리의 새끼를 잡아먹었다

두렵지 않다에 동그라미를 매긴다.

코끼리가 잡아먹은 뱃속에 그린벨트는 물과 공기를 빨아먹었다

두렵지 않다에 동그라미를 매긴다.

내가 잡아먹은 뱃속에 나는 부모와 친구와 선생님을 뜯어먹고 있었다

두렵지 않다에 동그라미를 매긴다.

세월이 잡아먹은 뱃속에 나는 나를 먹어치우고 있었다

두렵다에 동그라미 쳐진다.

잠시 나를 주장하는 순간 집사람도 아이들도 잠시 남이 되어버린다

그후

나는 나를 남이라고 불렀다

나는 남에게

남은 나에게 혼잣말을 주고받는다

이 극장에서는 일월의 틈새 사이 모래알을 물어 나르는 개미 한 마리까지

재조명된다

그의 하늘

시골버스에 올라탄
유학을 다녀온
신동 소리 듣는 정착할 줄 모르는 그가
온몸에 황금색 페인팅 중이다
자벌레 몸통에 벌건 색 페인팅을 마친 그가
먹잇감을 발견한 새처럼
벌레 몸통에 포크를 꽂아 쏜살같이 입안에 넣는다
그의 입가에 묻어 흐르는 빨건 페인트
핏물처럼 붉다

입가에 묻은 선혈을 닦으며 끝이 난
그의 날갯짓

새 하늘

스크린 속 천년 지네가 법술을 익혀
사람 잡아먹는 이야깃거리는 어제의 육식공룡처럼 진부하다

서울역사 앞 호객행위는 영혼을 사고판다
상승 욕구 빵빵한 지상은 하늘을 갈아타는 환승역
찬불가와 찬송가 신흥세력까지 저마다 승천의 목소리 높인다

어찌 이런 일이……
필시, 하늘에도 새 하늘 열렸다?
정기신이 신 되니 사람 생각 금쪽이다
만상을 읽고
오늘 날씨처럼 방송한 성인들이 오버랩 된다
연말,
스님은 찬송가를 목사님은 찬불가를 부르며 손잡은 모양새
새 하늘 그리고 있다

나는 지금 대전 간다

도화가 하늘이다

어떤 얼룩을 빨아댔는지 흐느낌도 메말랐다
널브러진 몸뚱이에 따갑게 찾아드는 햇살
방문을 젖히고 들어온 대낮
빳빳이 꽂힌 아랫녘이 화끈거린다

몸서리친 자국마다 거품 문 비누 향 세례 한참이다
과녁을 찾아드는 것은 화살만이 아니다
자칭 역마살이라며 집 나간 서방 놈은 더 아닐 것이다
물 젖은 두레박 깨알 달라붙듯 도화에 불붙는 작살
이따금 왁자지껄 잡힌 머리채 송두리째 흔들린다

물집 잡히고 헤어진 가랑이 사이로
복사꽃보다 진한 어떤 살풀이를 더 해야 하는 건지
걸레처럼 더러운 어디를 더 닦아대야 하는 건지
시위 떠난 화살 빼곡해도 모두 명중이다
흐드러지게 핀 도화가 조화를 부리는 하늘이다

어떤 재판

선천성 뇌성마비 외손자 12년의 수발 끝내는 것
홀로 된 어미의 새끼 몰래 묻어버리는 것
스스로는 목을 매어 교수형 집행하는 것
곧 있을 죽음을 준비한 최선의 상책이었다고 9시 뉴스는 전했다
둥둥 떠가는 구름조차 무색하여 심리는 계속됐다

부디 명복을 비는 의리 한 가닥 조수와 같아 명부전에 닿기를……

누군가의 선천을 간직한 자라야 비로소 아버지이므로
아버지의 아버지
맨 처음 아버지에게 선천성 장애에 관하여 묻지 않았다
꽃 피고 열매 맺어 대를 이어가는 하늘
상책이었다는 말이 집채만 한 바위로 가슴 짓이긴다
청천벽력 같은 상극하上剋下 기록을 남겼다고 첨삭한다

처녀 인형 불태워주는 현장을 담은 놀란 어린 눈빛 기록이 있다
증빙하기 힘든 일말의 모사가 계란으로 바위 치기를 한다
선천성 심장질환 유산 및 신생아 출산 2013년 제주 단체 송사 건은

약사, 간호사들의 약물감염으로 비롯됐다는 것
지상의 모든 혼란은 비단 사람의 일만이 아니라는 것

만리장성 쌓고 자궁에 고이고이 모시는 하늘

싸가지

봄에 씨 뿌리고 여름내 몸 낮춰 예를 다하고 가을에
수확하여 겨울에 갈무리해둔다
일 년 운행이 인의예지다
땅을 믿는 농부 이야기다

하늘 샘 퍼 나르는 바가지가 싸가지다
네 가지다 봄, 여름, 가을, 겨울 사계다
바꿔 말하면 싹수다. 천지 사방 열매 맺기다
가지란 가지마다 주렁주렁 하늘 매달기다

흑백 사진 속 대쪽 같은 성정 그리운 할아버지를 보다가
사람 뿌리 하늘에 있다 하여도 보이지 않으니
눈 깜짝할 사이 코 베어 가는 눈만 뜨면 이 땅 위 대세가 보이니
보이는 끝이, 끝이 보이지 않으니 싹수가 노랗다. 하늘이 샛노랗다

숨구멍이 꽉 막혀 꺼진 연탄재처럼 땅이 꺼지고
콜록콜록 기침이 깊고 깊어 뿌리까지 병이 깊어진다
황천이 우르르 무너지겠다
단지 우린 싸가지가 조금 없었을 뿐인데 푸른 하늘 갈아엎겠다

천외천天外天

물론 시대가 낳은 허풍선이겠지만
하늘 밖 하늘을 품은 여자들이 요즘은 주류라고 합니다
골동품을 진열한 인사동 골목을 지나다 사군자가 양각된 은장도에서
주검으로 이끄는 상투 튼 일월의 당시 결단을 읽고 맙니다
풍운아와 풍류객 사이를 오가다 백지 한 장 차이가 무섭다고 그중 하나
매의 눈으로 나를 봅니다
전생에 나라라도 구한 것일까 자문하는데 눈빛이 역시나
순박하던 열여덟 전생을 닮았습니다
도박에 미친 서방을 기다리는
삼십 후반 처제의 일상은 오뉴월 바람에도 몇 년째 매화꽃이 만발한대요
귀 따가운 꽃 향에 잠을 깨면
굳게 닫힌 건넛방 마누라의 별세계는 연신 통화 중입니다
프로펠러를 달고 달려온 바람의 머리를 닦아 주다
수건에 번지는 것은 절은 기름때
얼룩을 걷어내는 나의 일상은
온통 바람문양으로 장식된 빌딩 숲속에서 한 페이지조차 넘어가지 못합니다
내내 아니라고 우기다가도 한 생도 너무 긴 것인지
바람을 타고 밀려드는 황사에 눈 비비고 보면 과거지사

언제 그랬냐는 듯이 점점
독기 품은 하늘이 버티고 선 요즘입니다
예언서들의 숨겨진 공통분모는 대체로 흐렸다가 맑아짐
정말 이러다 자고 일어나면 새 하늘이 열려있을지도 모를 일입니다
남자도 가슴 깊이 숨겨둔 은장도를 만지작거리다
다시 집어넣어야 할 때가 잦습니다
날 선 화색에 무참히 베인 상실감에도 그것이 최선의 상책입니다. 말인즉
천 번의 다독으로 눈 맞춰온 철학적 시선만으로는 현실감은
턱없이 부족합니다. 먹어야 사는데 턱이 없음입니다
그러므로 잘 익은 매실주 앞에 오바이트를 마지막으로 쏟던 느낌으로
다시 더듬거립니다
낡아진 인형에
경전에서 꺼낸 해부도를 재조립해 준비해놓은 혼불을 지피다
뜬눈으로 지새우는 밤이곤 합니다
아직까진 안으로, 안으로, 바람은 매일 운행하고요
바람은 유성처럼 꼬리를 보이므로 천행입니다
선정에 들었다는 도솔천도 약속한 듯 매일 울다 가고요

입맛에 따라 골라 먹을 하늘이 많아 씹는 소리 또한 모두 신바람입니다

찰나는 전지전능全知全能하므로 또는 전지전능全知全能하지 못하므로

휴일 나무그늘에 팔베개하고 누우면 구름도 따라 눕는다
선생은 선생답고 부모는 부모답고
자식은 자식다워져
전지전능한 신 그림자도 생각되지 않는다

기실, 수북한 체납고지서 내민 손쯤
부끄럽지 않게 넣어주어야 경지다
불야성의 도시는 누군가의 선생이며 부모이며 자식이었을 사람들의
구석에 구토물 여과하지 않는다

속이 없는 내게도
찰나刹那는 전지전능하므로 또는 전지전능하지 못하므로
빌린 술기운 거부하는 밥풀들 나를 향해 쏟아낸다
변기에 머리 처박고 피운 개화 아찔하다
차지게 익히지 못하고 몸 밖으로 꺼내어진 나의 분신들이 나를 닦는다

마음속 신전 고이고이 봉신되는 잘 익은 하루 치 오후가
훌훌 자리 털고 일어나 기지개 켠다
영원이라는 이름 앞 찰나 녹음이 짙다

누에의 방

잠이 깬다. 눈을 뜬다. 형상과 형상이 빼곡하다

1% 영감靈感이 만들어 낸 백 개의 눈이다
검색엔진이 켜지고 자판을 두드린다
지하철 객실 안 눈을 떼지 못하는 사람들 별천지로 빨려 들어간다
등에서 칭얼대는 애 엄마가 서 있고
좀비들이 객실 안을 장악한다

구골플렉스 터치, 터치 모래시계 토사를 다운받는다
종국엔 우주의 시원을 보고야 말겠다고 별과 별 사이 터널을 뚫는다
유튜브 설쾌전 천문이 지상 문명을 도모한다
대중화, 대영제국, 미국, 또다시
대한민국으로 명명되어 움직여지는 대권이 보인다
간방艮方으로부터 시작된 걸음마 지구 한 바퀴 일순이
지상에 수놓은 원이다

극과 극은 통한다는 말이
그지없이 높은 하늘에 검정 물감을 덧칠한다
원이 무극이고 태극이라고, 사람이라고 밤의 적막으로 읊조린다

스며드는 내가 보이고
누에 같은 하루짜리 비행 가열된 엔진을 식힌다
내게 찾아온 잠이 눈을 감기고 시공쯤 없애버린다

형이상 홀로 남겨진 방

우주종착역

본 우주는 곧 366일 희역에 도착합니다
탑승하신 승객께서는 만세 삼창 하실 사농공상 설계하시기 바랍니다
다음 역은 주역입니다
오늘도 우리 우주는 안전을 최우선으로 생각하며
고객 한 분, 한 분 365일 오늘의 주역이시길 바라며 정성을 다해 모시겠습니다

몸속 DNA 연결 고리도,
태양도 별도 지구도 뫼비우스 띠 위 팔랑팔랑 나비처럼 날고 있다

이번 역은 약한 심지가 흔들려 타원을 그리던 북극성이 중심을 잡고 똑바로 서는
본 우주의 종착역 360일 정역입니다
경위가 부족해 발생한 세상사 허물에
사나워진 심술 심사 훌훌 털어 내려놓고 내내 즐거운 여행 바랍니다
대단히 감사합니다

상강霜降 무렵

간밤 된서리에 애호박 매단 호박꽃 동사 장면 보았습니다
제 어린 시절 일손 부족해 남겨진 한 폭 풍경화이기도 한데요
초야 치르다 봉변당한 호박꽃 부부, 성자에게는
미안해할 일일지도 모르겠습니다만
칼바람 속 고춧잎 훑던 부모님 붉게 상기된 두 뺨이 또한 그려졌는데요
지천으로 베인 향기가
제과점 앞 빵 굽는 냄새보다 더 코끝 찡하고 벌렁벌렁해지지 뭡니까

사람 산다는 게 한철로 끝나지 않아 다행입니다
낼모레면 서리 내려 노안이 찾아오고 제 눈썹도 희어질 텐데요
풍덩 젖무덤에 빠져서 별들의 총명한 젖꼭지를 입에 무는 일은
대수롭지 않은 일이 아닙니다

내일도 지구는 사멸치 않을 테니
겨우내 고추장아찌에 호박고지 허물어 먹어야겠습니다
내 부모도 딱히 아니면서 이맘쯤 천지의 채색은
응석과 태만과 기고만장에 매운 회초리 서릿발 같으신
부모님을 닮았습니다

생명生命

죽고 사는 일이 똑같다는 공식이 생겼다
내 마음 하나조차도 속이고 살 수가 없었다

살아 봐!
누군가 만든 生命이라는 두 글자

별도 달도 구름도
바람도 아니었다

안녕 친구
손에 손, 잡을 걸 그랬다

살아있는 모든 것들에 먼저 손 내밀 걸 그랬다

빰을 스치고 지나가는 바람이라는 말 대신
볼을 맞대주는 친구라며 반겨줄 일이 생겼다

–글을 마치며
믿음에 대한 진술서

나의 신념은 확고해졌다
나는 믿는다
모든 부모가 그렇듯
하늘의 무위는 무위자연은 한해 풀은 씨앗을 남긴다
씨앗은 이듬해를 열어나간다
물도 고이면 썩는다고 했다
겨울에 동사당한 종자들 썩어진다
흐르는 사계를, 내일을, 넘보지 못한다 모든 살아있음은
과히 천성이 물불을 가리지 않는다
아들에게 나는 으레 의식주를 제공한다
부모면 누구나 하는 것 아니냐고 너스레를 떨 뿐이다
이놈 넙죽넙죽 잘도 받아먹는다
아들의 뇌리에 내가 오래 기억되기를 바라지 않는다
억조 전 천지개벽에도 인간 세계의 평화는 아직도 기저귀를 찬 어린 아이다
시간은 변화의 약속일뿐 원래 없지 않았던가!
나는 믿는다
신은 죽었다고 말한 니체의 진심을 믿는다
칸트의 순수 이성 비판을 믿으며
헤겔의 절대정신을 믿고 맹자의 성선설을 믿고 주자의 성리학을 믿는다
특히 밑줄 그어놓은 대학의

물유본말사유종시지소선후즉근도의 한 구절에선
우주라는 물고기도 예외 없다 내일의 그물망을 벗어나지 못한다
사과 열매는 사과 꽃을 피웠으므로 단기와 불기와 서기를 믿는다
오곡백과 달궈지는 천지 역사의 흐름을 믿는다
인류의 오랜 불면증인,
비유하면 모래알이며 티끌이며 찰나에 불과하며 하루살이이기도 한 것이
또한 천지개벽 아니던가
하루란 상대적일 때 얼마나 큰 상반된 장단이던가!
높고 높은 하늘의 함부로 벌인 하룻밤 불장난이 아님을 믿는다
피와 살과 삶을 뚝 떼어 나누는
콩밭 호미든 어머니 얼굴에 구슬땀을 읽어 보시라
적어도 해와 달이 공치사로 하루도 쉬는 것을 나는 보지 못했다
하늘이 틔어놓은 남녀 분별이 오늘도 내일을 연다
이쯤에선 느슨해진 벼락의 흐름도 다시 살펴 볼일이다
벼락 맞아 뒈질 년놈도 따지고 보면 다 귀하디 귀한가 보다
천사의 어머니는 악마라고 기록의 역사가 떠든다
이준 열사의 할복에서 이순신 장군 유관순 누나에게서
죽고도 영원히 사는 경지를 본다

해설

황도 12궁과 혼용무도昏庸無道

반경환 애지 주간 · 철학예술가

황도 12궁과 혼용무도昏庸無道

반경환 애지 주간 · 철학예술가

호족은 호랑이를 낳고
곰족은 곰을 낳고
토끼족은 토끼를 낳고
오렌지족은 오렌지를 낳고
싱글족은 싱글을 낳고
미시족은 미시 낳고

세상 별다를 일 없었다

새로운 탄생은
신을 추앙하는 족속과
학문을 신봉하는 족속
인정머리 없이
진화하는 로봇뿐

생각은 생각을 낳는다

열 달 태교 산모도 분만실에서 악쓴다
해를 거듭하는 우주
새해를 낳는다
해마다 자성의 목소리가 나오고
선과 악, 팽팽히 줄다리기한다

진통 중이다, 우주
세상 끔찍할 수밖에 없다
—「끔찍한 태교」 전문

소크라테스는 "인간이 죄를 짓는 것은 무지하기 때문이다"라고 말했고, 트라시마코스는 "인간은 본디 악하기 때문에 죄를 짓는다"라고 말했다. 과연 인간이 무지하기 때문에 죄를 짓는 것일까? 만일, 그렇지 않다면 인간이 본디 악하기 때문에 죄를 짓는 것일까? 하지만, 그러나 이 세상에 선과 악이란 있을 수가 없다. 지식을 가진 자가 더 끔찍하고 잔인한 죄를 짓고, 살인, 강도, 강간, 도둑질을 할 수밖에 없었던 무지한 자가 오히려, 거꾸로 더욱더 착하고 선량한 인간일 수도 있다. 왜냐하면 지식의 힘과 무지의 힘이 부딪치면 지식을 가진 자가 백전백승을 하기 때문이다. 지식이란 본래 사기 치는 도구이자 최고급의 흉기이고, 이 지식을 가진 자가 전세계를 지배하고 그 모든 선악을 강자의 힘으로 정하게 된다. 사회적 관습과 풍습에도 강자의 힘이 배어 있고, 도덕과 윤리에도 강자의 힘이 배어 있으며, 법과 질서에도 강자의 힘이 배어 있다. 트라시마코스의 말대로 정의는 강자의 이익이며, 선과 악이란 지식을 가진 자가 제멋대로 규정한 어떤 것에 지나지 않는다.

정동재 시인의 「끔찍한 태교」는 우주가, 인간이, 로봇이 선악을 배고 그 진통 중이라는 사실을 가장 예리하고 날카롭게 역설하고 있다고 하지 않을 수가 없다. 호족은 호랑이를 낳고 곰족은 곰을 낳는다. 토끼족은 토끼를 낳고 오렌지족은 오렌지를 낳는다. 싱글족은 싱글을 낳고 미시족은 미시를 낳는다. 세상은 별다를 일이 없었다. 새로운 탄생은 신을 추앙하는 족속과 학문을 신봉하는 족속으로 이어지고, 이제는 인정머리 없이 진화하는 로봇으로 이어진다. 열 달 태교 산모도 분만실에서 악쓰고, 해를 거듭하는 우주도 새해를 낳는다. 날이면 날마다, 또는 해마다 자성의 목소리가 나오지만, 선과 악은 팽팽하게 줄다리기를 하고, 우주는 그토록 잔인하고 끔찍한 진통 중일 수밖에 없다. 이 세상에 선과 악이란 없다. 선의 다른 이름은 악이고, 악의 다른 이름은 선이다. 호족은 호랑이를 낳고 곰족은 곰을 낳는다. 토끼족은 토끼를 낳고 오렌지족은 오렌지를 낳는다. 싱글족은 싱글을 낳고 미시족은 미시를 낳는다. 세상은 별다를 일이 없었다.

하지만, 그러나 정동재 시인의 이 시구, 즉, "세상은 별다를 일이 없었다"는 대단한 반어이며, 역설이 아닐 수가 없는 것이다. 호족, 곰족, 토끼족, 오렌지족, 싱글족, 미시족은 태생부터 계급차별적이며, 따라서 이 계급차이 때문에 서로가 서로를 협력하는 공생관계를 맺거나 서로가 서로를 배척하는 적대관계를 맺게 된다. 호족과 곰족, 오렌지족(부유한 자)과 미시족(교양있고 세련된 자)이 공생관계를 맺는 것도 보통이고, 토끼족과 싱글족이 공생관계를 맺는 것도 보통이다. 하지만, 그러나 전자(호족, 곰족, 오렌지족, 미시족)의 종족과 후자(토끼족, 싱글족)의 종족은 그 계급적 차이 때문에 어쩔 수 없이 적대관계를 가지며 그 적대관계로서 한 국가, 또는 이 세계의 양날개를 구축하게 된다. 부자는 가난한 자를 무지하고 게으른 자라고 말하고, 가난한 자는 부자를 금수저를 물고 태어나서 온갖 사치와 약탈과 착취를 다한다고 말한다. 어쨌든 이 세상의 근본법칙은 투쟁이며, 이 투쟁은 "신을 추앙하는 족속과/ 학문을 신봉하는 족속/ 인정머리 없이/ 진화하는 로봇"을 낳게 된다. 투쟁은 이 세상의 근본법칙이며, 만물의 아버지이고, 그토록 잔인하고 끔찍한 태교의 산물이라고 하지 않을 수가 없다.

지식을 가진 자는 부자가 되고, 지식을 갖지 못한 자는 가난한 자가 된다. 부자는 온갖 호의호식을 하면서 잘 살 수가 있지만, 가난한 자는 먹고 잠 자는 것 자체가 문제가 된다. 정동재 시인의 이「끔찍한 태교」는 선과 악이 팽팽하게 줄다기를 하는 현실에 대한 분노이자 이 '선과 악'을 넘어선 또다른 세계를 모색해보는 수작秀作이라고 할 수가 있다. "상승욕구 빵빵한 지상은 하늘을 갈아타는 환승역/ 찬불가와 찬송가 신흥세력까지 저마다 승천의 목소리 높인다", "연말/ 스님은 찬송가를 목사님은 찬불가를 부르며 손잡은 모양새"라는「새 하늘」이라는 시구가 바로 그것이다.

정동재 시인의 분노는 자기 자신의 출신성분에 대한 분노이자 가난한 자로서의 분노라고 할 수가 있다. 호족에 대한 분노, 곰족에 대한 분노, 오렌지족에 대한 분노, 미시족에 대한 분노, 종교인에 대한 분노, 학자에 대한 분노, 자연과

학의 성과와 현대문명에 대한 분노, 전반적으로 선인이라기보다는 악당 중의 악당에 대한 분노가 그의 첫 시집『하늘을 만든다』에는 배어 있는 것이다.

자와 컴퍼스가 하늘을 만든다
별 밤이 쌓여 심법心法을 전수한다
사방 칠 수 한 치의 오차가 없다
황도 12궁에서 봄 여름 가을 겨울이 찾아온다

봄이 오는 이유를 묻자 농부가 땅을 일군다
사계의 의미를 묻는 것은 별 의미가 없으므로
꽃피는 이유를 묻는다
꽃송이도 피우지 못한 죽음에 관하여 묻는다
판사처럼
공약이행을 촉구하다가 형장으로 사라져 간 청춘을 심리한다
시간은 다시 되돌릴 수 없으므로 사라진 봄에 관하여 눈물이 앞을 가린다

사계의 의미를 묻는 것은 정말이지 더 이상의 의미가 없으므로
신도 아닌 주제가
죽음을 논하고
의사라도 된 것처럼 메스를 꺼내 든다
콘크리트 농수로에 빠진 고라니를 위하여 머리를 맞댄다
하늘의 일이 땅에서 꽃 핀다

의사봉이 자와 컴퍼스가 하늘을 만든다

—「하늘을 만들다」 전문

자란 무엇이고, 컴퍼스란 무엇인가? 자란 길이를 재는 데 쓰는 도구이고, 컴퍼스란 원이나 원호를 그리기 위해 사용되는 제도기구를 말한다. "자와 컴퍼스가 하늘을 만든다"는 것은 우리 인간들이 자연의 하늘이 아니라, 인공의 하늘을 만들고 있다는 것을 뜻하고, "별 밤이 쌓여 심법心法을 전수"하고, "사방 칠 수 한 치의 오차"도 없이 "황도 12궁"을 건축하고 있다는 것을 뜻한다. 황도는 태양이 지나가는 길을 뜻하고, 이 태양은 12개의 별자리를 지나가게 된다. 궁수자리, 염소자리, 물병자리, 물고기자리, 양자리, 황소자리, 쌍둥이자리, 게자리, 사자자리, 처녀자리, 천칭자리, 전갈자리가 바로 그것이며, 이 '황도 12궁'은 점성학적으로 부와 결혼과 자식과 우정과 공공지위와 원수와 죽음 등과 아주 깊이 있게 연관되어 있다고 한다. 아무튼 "자와 컴퍼스가 하늘을" 만들고, "황도 12궁"으로 봄, 여름, 가을, 겨울이 찾아온다.

황도 12궁은 지구가 우주의 중심이라는 그 옛날의 우주관일 뿐이지만, 아직도 이 시대착오적인 우주관에 의해서 봄, 여름, 가을, 겨울이 찾아온다. 봄이 오면 씨를 뿌리고 싹이 돋아나면 꽃이 핀다. 꽃이 피면 이윽고 떨어지고 그 꽃진 자리에서 새로운 열매(씨앗)가 맺힌다. "봄이 오는 이유를 묻자 농부가 땅을 일군다"라는 시구에서처럼, 이 자연스러운 사계절의 운행은 더 이상의 어떤 의미와 그 의문도 없지만, 그러나 "꽃송이도 피우지 못한 죽음에 관하여"는 묻고 싶어진다. 왜냐하면 꽃송이도 피우지 못한 죽음은 부자연사이며, "판사처럼/ 공약이행을 촉구하다가 형장으로 사라져간 청춘을 심리"해보고 싶기 때문이다. 사계절의 의미를 묻는 것은 정말이지 아무런 의미가 없고, 지나간 일들과 사건들은 되돌릴 수 없지만, 너무나도 억울하고 부당하게 죽어간 청년들을 생각할 때마다 눈물이 앞을 가린다.

정동재 시인의 「하늘을 만들다」는 자연이 아닌 '인공의 하늘'이며, 이때의 '황도 12궁'은 '선'이 아닌 '악의 궁전'에 지나지 않는다. 꽃송이도 피우지 못한 죽음들, 즉, 판사처럼 공약이행을 촉구하다가 사라져간 청년들은 만인평등과 부의 공정한 분배를 외치다가 죽어간 청년들일 수도 있지만, 그러나 이 '황도 12궁'에서는 그 어떠한 사실도 밝혀내지 못하고, 또한 그들의 영혼을 위로해주지도 못한다. 황도 12궁은 대한민국의 국회의사당과도 같고, "신도 아닌 주제가/ 죽음을 논하고/ 의사라도 된 것처럼 메스를 꺼내" 들지만, 우리 국회의원들은 그 어떤 해결책도 마련해내지 못한다. 진정으로 수많은 청년들의 비명횡사를 막으려면 만인평등과 부의 공정한 분배를 위한 근본대책을 마련해야 하지만, 우리 국회의원들은 하늘이 무너져 내려도 그럴 의사가 없다. 또한, "콘크리트 농수로에 빠진 고라니를" 진정으로 구출해내기 위해서라면 지금, 당장이라도 콘크리트 농수로를 철거해야 하지만, 우리 국회의원들은 하늘이 무너져 내려도 그럴 의사가 없다. 왜냐하면 우리 국회의원들은 지식을 가진 자이며 부자이고, 언제, 어느 때나 가난한 자, 무지한 자를 짓밟아 버릴 수 있는 대악당들이 때문이다. 우리 국회의원들이 궁극적으로 자와 컴퍼스를 가졌고, 악당의 입장에서 악당을 위한 의사봉을 언제, 어느 때나 두들겨 댄다.

하늘이 아니고 땅의 하늘이다. 황도 12궁은 태양이 지나가는 별자리가 아니며, 대한민국의 국회의사당이다. 우리 국회의원들이 자와 컴퍼스를 가지고 새로운 하늘을 만들며, 그 악법을 통하여 전지전능한 신처럼 의사봉을 두들겨 댄다. 하늘의 일이 땅에서 꽃 피고, 황도 12궁은 혼용무도昏庸無道의 본무대가 된다. 요컨대 인간이 자와 컴퍼스로 만든 인공 하늘에서는 대악당들이 득시글거리고, 언제, 어느 때나 부자연사와 의문사가 자연스러운 삶이 된다.

전작권 유보에 백년 세월 식민지 근성 매스컴까지 부채질이다
복기할 필요도 없이
신의 이름으로 시작한 제국들의 제1차, 제2차 식민지 건설 현장
세상에 없었던 십자가 든 천사들이 나타났다
식민지 종들에게 신식 병원, 신식 학교가 신식 날개를 펼친다

—「2차와 3차 사이」 부분

황도 12궁은 대한민국이며, 대한민국의 건국이념은 혼용무도이다. 대통령과 정치인들과 우리 한국인들이 너무나도 어리석어서 기초생활질서는 물론, 사법질서마저도 확립을 하지 못하고, 너무나도 추악하고 너무나도 부패한 국가의 전형이 되어가고 있다고 해도 과언이 아니다. 정치적으

로는 “전작권 유보”에서처럼 주권국가를 상실했고, 경제적으로는 “목소리 큰 놈 행세는/ 누군가 배를 가르고 망치로 뒤통수를 갈길 것이다”라는 「배웅」에서처럼 천민자본주의가 득세를 한다. 사회적으로는 “등록금을 납부하지 못한 가녀린 손이 휴학계를 던지고/ 안마방에서 산다/ 호래자식이라는 놀림을 향한 주먹질이 꿈도 날려버려/ 소년원에서 산다/ 재수 없으면 철창행이라는 말이 기막히게 눈물을 닦아준다”라는 「칼」에서처럼 상호불신과 이전투구가 난무를 하게 되고, 문화적으로는 “대부분의 가난은 쌓인 눈보다 더 희겠다/ 독설 아닌 독설에 자꾸 미끄러지는 사람들/ 허한 고개를 넘고 있다”라는 「폭설」에서처럼 ‘독설의 문화’가 횡행을 하게 된다.

정동재 시인이 「2차와 3차 사이」에서 지적하고 있듯이, 대한민국의 암적인 종양은 ‘사대주의事大主義’이며, 이 사대주의가 판을 치고 있는 한, 자기 땅– 자기 영토를 지키지 못하고, 영원한 이민족의 노예의 삶을 살게 된다. 이민족이란 본디 사나운 강도집단이며, 언제, 어느 때나 수많은 침략과 살육과 약탈을 감행할 준비가 되어 있다고 할 수가 있다. “세상에 없었던 십자가를 든 천사들이 나타”나 영원한 민족시조인 단군의 목을 비틀고, 이민족의 신인 예수를 찬양하고 숭배하지 않을 수 없게 만들었다. 이스라엘 사막은 삼천리 금수강산이 되고, 요단강은 한강이 되었다. 골고다 언덕은 독립기념관이 되었고, 갈릴리 호수는 백두산 천지가 되었다. 예수를 위해 살고, 예수를 위해 죽는다. 미국(이스라엘)을 위해 살고, 미국(이스라엘)을 위해 죽는다. 사대주의자가 민족주의자의 멱살을 움켜잡고, 민족주의자가 사대주의자의 멱살을 움켜잡는다. 이처럼 끊임없이 동족상잔의 비극—남북분단, 5 · 16과 5 · 18의 군사적 쿠테타 등—으로 몰아넣고, 그 모든 이익을 다 챙겨가는 것이 미제국주의자들의 근본 전략이기도 한 것이다. 사대주의가 지배를 하게 되면 그 나라의 국력과 민심을 결집시키기는 커녕 이기주의가 극단화되고, 서로가 서로를 물어뜯는 이전투구가 성행을 하게 된다. 유병언에 의한 세월호 대참사, 단군 이래 최대의 사기꾼인 조희팔, 최순실과 박근혜에 의한 국정농단 등이 바로 그것을 말해준다.

정동재 시인, 『하늘을 만들다』의 저자인 정동재 시인—. 그의 시는 상징과 은유, 풍자와 해학 등, 모든 시적 기교에 능하며, 「끔찍한 태교」, 「2차와 3차 사이」, 「칼」, 「배웅」, 「폭설」, 「마흔다섯」 등에서처럼, 요즈음, 매우 보기 드물게, 역사철학과 비판철학으로 무장되어 있으며, 대난히 세련되고 깊이가 있는 잠언과 경구들을 자유자재롭게 사용한다. “식민지 종들에게 신식 병원, 신식 학교가 신식 날개를 펼친다”(「2차와 3차 사이」), “칼과 칼이 골조를 세우며 피와 살을 양생 중이다”(「칼」), “목소리 큰 놈 행세는/ 누군가 배를 가르고 망치로 뒤통수를 갈길 것이다”(「배웅」)라는 시구들이 그것을 말해주고, “대부분의 가난은 쌓인 눈보다 더 희겠다”(「폭설」), “악당과 싸우던 악당을 닮았다”(「마흔다섯」), “남쪽 창 밑 냉이가 슬쩍 치마폭 들췄을 뿐인데/ 주정차 경고장 한 장도 붙지 않은 겨울이 정리된다”(「불혹의 끈」), “관피아 해피아 거짓 위정자 구르는 동전이야”(「불혹의 배후」)라는 시구들이 그것을 말해준다.

악을 쓰고 만다는 분만실 산모 얼굴이
마흔다섯 가장의 안면에 무시로 쌓였나 보다
면도날 위로 험상궂은 인상의 낯선 사내 코앞까지 얼굴을 들이민다
햇볕에 그을린 시커먼 이목구비와 미간에 자리한 사나운 주름
악당과 싸우던 악당을 닮았다
어금니로 꽉 물었던 신음이 양칫물과 함께 수챗구멍으로 빨려 들어간다
개구리 뒷다리~ 연거푸 입꼬리 두 귀에 건다
훌쩍 커버린 아들놈에서 순하디순한 스무 살 적 내가 보인다
베란다에서 발톱을 깎다 말고 푸념한다
자식 하나 키워 내는 게 어디 보통 일인가
아무렴 보통 일이 아니지
옳거니 부처님도 제대로 못 하신 일 아닌가!
반 농담에
화분 위 고추가 유난히 붉다
—「마흔다섯」 전문

정동재 시인의「마흔다섯」의 시적 화자는 어느날 면도를 하려고 거울 앞에 섰고, 그리고 자기 자신의 사납게 일그러진 얼굴에 깜짝 놀라고 만다. "면도날 위로 험상궂은 인상의 낯선 사내"는 "분만실의 산모들의 얼굴"처럼 일그러져 있었던 것이고, 요컨대 악당과 싸우다가 악당을 닮게 된 사내에 지나지 않았던 것이다. "훌쩍 커버린 아들 놈에서 순

하디순한 스무 살 적 내가" 보이고, "베란다에서 발톱을 깎다 말고 푸념을 한다." 그렇다. 자식 하나 잘 키워내는 것은 부처님보다도 더 고귀하고 더 거룩한 일이었던 것이다.

삶은 누구나 빛나는 별이고자 한다.

— 「시로 여는 지상천국」 부분

선천성 뇌성마비 외손자 12년의 수발 끝내는 것
홀로 된 어미의 새끼 몰래 묻어버리는 것
스스로는 목을 매어 교수형 집행하는 것
곧 있을 죽음을 준비한 최선의 상책이었다고 9시 뉴스는 전했다
둥둥 떠가는 구름조차 무색하여 심리는 계속됐다

부디 명복을 비는 의리 한 가닥 조수와 같아 명부전에 닿기를……

— 「어떤 재판」 부분

시에는 사악한 생각이 하나도 없고, 오직 시만을 생각하는 자는 이미 자유를 얻은 것이다. 자유로운 자는 비겁한 굴종을 모르며, 자기 자신의 목숨마저도 단 한 줌의 티끌처럼 생각한다. 그는 순간에 살고 순간에 죽으며, 그 무서운 집중력을 통해서 영원불멸의 시를 쓰게 된다. 시를 쓰면서 자유롭지 않고, 시를 쓰면서 행복하지 않은 자는 시인의 탈만을 쓴 가짜 시인에 불과하다. 삶은 누구에게나 빛나는 별이어야 하며, 지구촌의 정화차원에서 「어떤 재판」의 판결은

하루바삐 '존엄사의 관습헌법'으로 채택되지 않으면 안 된다.

정동재

정동재 시인은 서울에서 태어났고, 2012년 계간 『애지』로 등단했으며, 『하늘을 만들다』는 그의 첫 시집이 된다.
정동재 시인은 상징과 은유, 풍자와 해학 등, 모든 시적 기교에 능하며, 요즈음, 매우 보기 드물게, 역사철학과 비판철학으로 무장되어 있으며, 대단히 세련되고 깊이가 있는 잠언과 경구들을 자유자재롭게 사용한다. "칼과 칼이 골조를 세우며 피와 살을 양생 중이다"(「칼」), "목소리 큰 놈 행세는/ 누군가 배를 가르고 망치로 뒤통수를 갈길 것이다"(「배웅」)라는 시구들이 그것을 말해주고, "대부분의 가난은 쌓인 눈보다 더 희겠다"(「폭설」), "악당과 싸우던 악당을 닮았다"(「마흔다섯」)라는 시구들이 그것을 말해준다.

이메일 : qufdlthsus@hanmail.net

정동재 시집

하늘을 만들다

발　　행　2017년 9월 20일
지 은 이　정동재
펴 낸 이　반송림
편집디자인　김지호
펴 낸 곳　도서출판 지혜
계간시전문지 애지
기획위원　반경환 이형권 황정산
주　　소　34624 대전광역시 동구 선화로 203-1, 2층 도서출판 지혜 (삼성동)
전　　화　042-625-1140
팩　　스　042-627-1140
전자우편　ejisarang@hanmail.net
애지카페　cafe.daum.net/ejiliterature

ISBN : 979-11-5728-250-0 03810
값 9,000원